Królowa Śniegu

Było kiedyś na świecie zwierciadło o złowrogiej mocy – ktokolwiek w nie spojrzał, stawał się zły. Pewnego dnia zwierciadło upadło i rozbiło się na tysiące kawałków.

W pewnym miasteczku żyło sobie dwoje dzieci, Gerda i Kaj. Bardzo się lubili i spędzali razem każdą wolną chwilę. Całe dnie bawili się w ogrodzie pełnym róż.

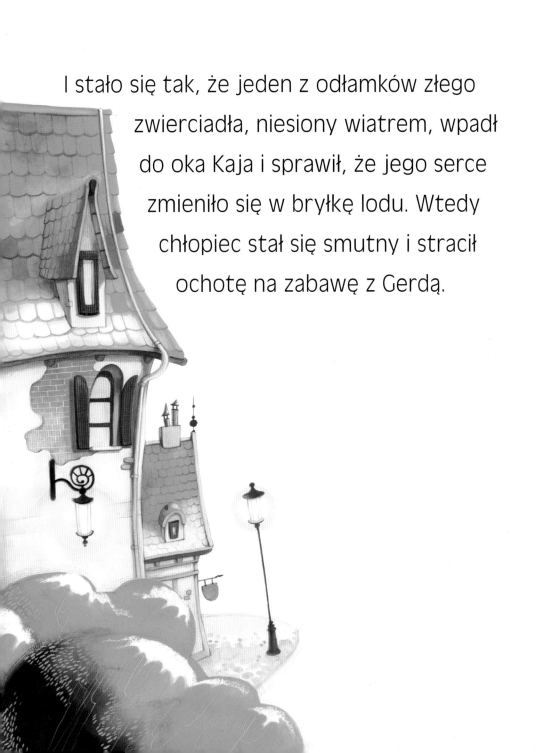

I stało się tak, że jeden z odłamków złego zwierciadła, niesiony wiatrem, wpadł do oka Kaja i sprawił, że jego serce zmieniło się w bryłkę lodu. Wtedy chłopiec stał się smutny i stracił ochotę na zabawę z Gerdą.

Pewnego zimowego dnia Kaj bawił się sam
na śniegu. Nagle ujrzał sanie, w których
siedziała dama o olśniewającej urodzie.
Królowa Śniegu, bo była to właśnie ona,
otuliła Kaja swoim futrem.

Sanie porwały chłopca daleko od miasteczka i Gerdy. Jechały, wciąż jechały wśród śniegu, nie zatrzymując się wcale.

Tymczasem zrozpaczona Gerda
wyruszyła na poszukiwania przyjaciela.
Szła długo, wszędzie pytając o Kaja. Wraz
z nadejściem wiosny dotarła nad rzekę.

Znalazła tam niewielką łódkę.

Weszła do niej i rzekła:

– Łódeczko, proszę, zabierz

mnie do Kaja.

I łódka popłynęła z nurtem.

Zatrzymała się dopiero koło pięknego
ogrodu, w którym nad brzegiem
rzeki stał nieduży dom. Mieszkała w nim
samotnie pewna czarodziejka.

– Zostań u mnie trochę, choćby tyle,
żeby odpocząć – poprosiła czarodziejka
dziewczynkę.

Gerda została z nią wiele dni, ale kiedy
zakwitły róże, przypomniała sobie
o Kaju i znów ruszyła w drogę.

Wędrowała i wędrowała, aż wreszcie spostrzegła, że nadeszła jesień. Napotkana leśna wrona opowiedziała jej historię o młodym nieznajomym, który niedawno poślubił księżniczkę.

„To na pewno Kaj" – pomyślała Gerda i skierowała się prosto do pałacu.

Wrona pomogła jej dostać się do komnaty księżniczki, ale młodzieniec, który z nią mieszkał, nie był Kajem. Zrozpaczona i wyczerpana dziewczynka zaczęła płakać.

Księżniczka i książę wysłuchali opowieści Gerdy i postanowili jej pomóc. W dalszą drogę ruszyła ich karetą. Jednak w leśnych ostępach napadli ją zbójcy, którzy liczyli na bogaty łup, i zabrali dziewczynkę do swojej pieczary.

Mieszkała z nimi córka herszta zbójeckiej bandy.
Mała rozbójniczka ulitowała się nad Gerdą.

– W naszej stajni jest ren, który może zabrać cię aż do krainy Królowej Śniegu. Tam pewnie znajdziesz Kaja!

Brnąc przez śniegi na grzbiecie rena, Gerda
dotarła do dalekich północnych krain.

Spotkała tam pewną kobietę, która wskazała jej drogę do lodowego pałacu. Dziewczynka, pełna otuchy, ruszyła w drogę przez coraz większe śnieżne zaspy.

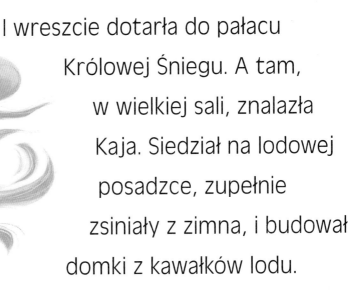

I wreszcie dotarła do pałacu
Królowej Śniegu. A tam,
w wielkiej sali, znalazła
Kaja. Siedział na lodowej
posadzce, zupełnie
zsiniały z zimna, i budował
domki z kawałków lodu.

Gerda podbiegła do niego, zarzuciła mu ręce na szyję i rozpłakała się z radości. Gorące łzy ogrzały serce Kaja, a z oka chłopca wypłynął wreszcie kawałek złego zwierciadła.

Gerda i Kaj wybiegli z lodowego pałacu i wrócili do swego różanego ogrodu. Od tej pory żyli razem spokojni i szczęśliwi.

TA BAJKA PODOBAŁA MI SIĘ, DLATEGO ŻE...

że egerda Jechała na rena I że było 365dni